AF384663

MONARCHIE

ET

RÉPUBLIQUE

PARIS
Chez V. Palmé
25, rue de Grenelle-Saint-Germain.

VERSAILLES
Chez Bernard
9, rue de Satory.

MAI 1871

Nous n'avons pas la prétention, dans ces courtes pages, d'approfondir les graves questions qui y sont abordées. Nous voulons seulement les indiquer, et les rappeler à l'attention de tous ceux qui, dans la terrible crise que traverse la France, cherchent de bonne foi la lumière et la vérité. Si ce petit écrit pouvait, pour sa faible part, contribuer à l'apaisement des esprits, à l'union des intelligences, à l'accord de toutes les forces conservatrices et à leur action commune dans un intérêt de salut public, nous nous estimerions heureux et nous croirions n'avoir pas perdu notre temps.

G. DE B.

12 mai 1871.

MONARCHIE ET RÉPUBLIQUE

I. Monarchie.

Nous ne voulons pas faire ici de la théorie. Mais nous devons cependant entrer dans quelques explications, afin qu'au moins on ne se méprenne pas sur le sens des mots. Bien des gens se disent monarchistes, et n'entendent rien aux conditions de la Monarchie ; d'autres se prétendent républicains et n'ont pas les plus simples notions de ce qu'est la République. Il importe de bien préciser et d'éviter toute équivoque. C'est avec des situations nettes, tranchées, où aucun échappatoire n'est possible, où l'on ne saurait prendre de faux-fuyants, que les solutions deviennent faciles. Quand on se place résolûment en face d'une difficulté, qu'on l'aborde courageusement, avec le ferme et loyal désir de la vaincre, on est presque assuré du succès.

Qu'est-ce que la MONARCHIE ? Le gouvernement d'un seul, sous l'empire de lois fixes et établies. Aussi éloignée des excès de la souveraineté populaire, où la multitude est en possession du pouvoir, que des entraînements du despotisme, où la main du maître dispose de la vie, des intérêts et de la fortune de tous, la monarchie est un régime essentiellement tempéré, c'est l'alliance de l'AUTORITÉ et de la LIBERTÉ. La Monarchie est vraiment le gouvernement de la CHOSE PUBLIQUE (*Res publica*), — et c'est ainsi qu'on a pu désigner plus d'une fois notre vieille monarchie du nom de République, — sous la direction d'un chef national, sur la base de l'hérédité traditionnelle. C'est, dirons-nous avec Montesquieu, le régime sous lequel l'état est plus fixe, la constitution plus inébranlable, la personne de ceux qui gouvernent plus assurée. La Monarchie, d'ailleurs, on l'a fait observer justement, comporte autant et peut-être même plus de liberté et d'égalité que tout autre gouvernement. C'est en outre le gouvernement qui se passe le mieux de l'habileté du souverain, et c'est peut-être même là le premier de ses avantages [1]. En effet, « l'un des mérites de la Monarchie est de donner souvent à des princes médiocres, en ce qui touche aux intérêts de leur couronne, une intelligence et une constance de volonté dont, s'ils n'étaient rois, ils seraient incapables [2]. »

Si l'on demande quel est le gouvernement le plus naturel à l'homme, a dit M. de Maistre, l'histoire est là qui répond : *C'est la Monarchie.* Nous pouvons ajouter avec Bossuet : « Il n'y a rien de mieux que ce qui est éprouvé, » et avec Tacite : « Il vaut mieux recevoir un souverain que le chercher. »

II. République.

Qu'est-ce que la République? Le gouvernement où le peuple a la souveraine puissance et l'exerce par lui-même. La République peut être aristocratique, démocratique, ou sociale ; elle affecte ainsi des formes diverses ; mais le principe sur lequel repose la République est invariable, c'est le principe de la souveraineté du peuple. Théorie magnifique en apparence, qui a séduit et séduit encore bien des esprits généreux, mais au fond la plus dangereuse et la plus subversive de toute société.

Il ne suffit point en effet de poser le principe, il faut en déduire les conséquences ; il faut, *théoriquement* et *historiquement*, voir où l'on en arrive avec la souveraineté du peuple.

[1] M. DE MAISTRE, *Étude sur la Souveraineté.*
[2] M. GUIZOT, *La France et la Maison de Bourbon avant 1789.*

Ecoutons lés docteurs de cette théorie.

« Le peuple, dit Jurieu, est son maître; lui seul possède en lui le droit de commandement qu'il transmet ou retire à volonté ; et même sa souveraineté est tellement absolue, qu'il l'exerce toujours avec droit, car *le peuple n'a pas besoin d'avoir raison pour valider ses actes.* »

« Un peuple, dit Rousseau, a toujours le droit de changer ses lois, même les meilleures ; car *s'il veut se faire du mal à lui-même, qui est-ce qui a le droit de l'en empêcher ?* »

Ainsi la souveraineté du peuple, poussée à ses dernières limites, c'est le droit de détruire la société, de se livrer à tous les caprices et à toutes les folies, de commettre tous les excès et tous les crimes, sans règle, sans frein, sans qu'aucun pouvoir humain puisse imposer des bornes à la multitude; c'est le droit au vol, au pillage, à la proscription, au meurtre, au régicide; c'est la souveraineté de l'individu se substituant forcément à celle du peuple, c'est, en un mot, la déification de l'homme et le dernier terme où la folie humaine puisse s'abîmer.

Et ce ne sont point ici des exagérations ou des chimères; l'histoire est là, qui nous montre que, « de tous les monarques, le plus dur, le plus despotique, le plus intolérable, c'est le monarque *peuple* [1]. » Sans aller chercher des exemples dans un passé lointain, nous n'avons qu'à interroger notre histoire d'hier, nous n'avons qu'à jeter les yeux sur ce qui se passe aujourd'hui dans la grande ville appelée jadis la capitale du monde civilisé, pour envisager les dernières conséquences du principe de la souveraineté populaire.

Ah ! que nous sommes loin des conditions posées par Montesquieu pour l'existence d'une République! Ce n'est certes pas la République française qui pourrait prétendre à ce ressort nécessaire, selon lui, dans un état populaire, à savoir la VERTU. « La vertu politique, dit Montesquieu, est un renoncement à soi-même, c'est l'a-

---

[1] M. DE MAISTRE, *Étude sur la Souveraineté.*

mour des lois et de la patrie. » N'est-ce pas là le contraire de l'esprit républicain tel que nous le connaissons
trop ? « C'est l'amour de la frugalité, c'est l'amour de l'é-
galité, qui borne l'ambition au seul désir, au seul bonheur de rendre à sa patrie de plus grands services que
les autres citoyens. » Hélas ! nous n'en sommes point là !
Nous n'avons pas les vertus de la démocratie, nous n'en
avons que la corruption et les excès. La République en
France, c'est l'anarchie, la guerre sociale, le despotisme
révolutionnaire. Les faits dont nous sommes les témoins
attristés, sont l'éclatante démonstration de cette vérité.

La République, poussée à ses conséquences logiques
et fatales, en arrive donc à abolir le genre humain, Dieu,
la famille, la propriété ; elle est, comme l'a dit énergiquement M. Guizot, dans des pages bonnes à méditer,
« la dégradation de l'homme et la destruction de la
société [1]. »

___

III. Objections contre la Monarchie et contre l'hérédité.

La plupart des objections contre la Monarchie s'adres-
sent à la monarchie absolue, non à la monarchie tem-
pérée telle que nous l'avons définie. Pour un grand
nombre, *monarchie* et *despotisme*, c'est tout un. Grave
erreur, qui est l'une des causes de nos divisions et de
nos malheurs ! On admet la nécessité d'un chef — il en
faut bien un dans une république — mais on veut que
le roi soit forcément un despote, un tyran, régnant sans
contrôle et courbant tout sous son joug. Notre histoire
devrait nous prémunir suffisamment contre une telle
aberration. Chateaubriand a rappelé éloquemment que,
dans l'espace de neuf siècles, la maison royale de France
n'a compté qu'un tyran sur trente-trois monarques :
« exemple unique dans l'histoire du monde, s'écrie-t-il,

___

[1] *De la Démocratie en France.*

et éternel sujet d'orgueil pour notre patrie [1] ! » On perdrait son temps à réfuter de telles objections, quand notre passé tout entier leur donne un éclatant démenti, quand un tel soupçon serait aujourd'hui, non-seulement injurieux, mais j'oserai le dire absurde.

La Monarchie n'a rien de commun avec le despotisme. Elle est au contraire l'ennemie de ces « combinaisons mensongères et pleines de dangers, » si fatales pour les peuples qui s'y abandonnent en croyant y trouver le repos, et ne recueillent que les plus terribles et les plus cruelles déceptions [2]. Elle est la seule sauvegarde contre cette démocratie envahissante dont les flots tumultueux finiraient par nous engloutir. Elle seule résout le problème de notre époque, en nous présentant à la fois une forme de gouvernement incompatible avec le despotisme et un principe opposé à la révolution.

La Royauté n'est point une sorte de main mise sur la nation, une délégation du droit divin en dehors de tout consentement exprimé ou tacite de la volonté du pays; elle est la gardienne du droit national et des libertés publiques; pour elle le pouvoir est un dépôt sacré dont elle se sent responsable envers Dieu et envers la nation. « L'ancienne légitimité, » a dit Chateaubriand dans un écrit où il se déclarait *républicain par nature* et *monarchiste par raison,* « l'ancienne légitimité n'était autre chose que la volonté nationale personnifiée et maintenue dans une famille [3]. » « C'est une chimère, a écrit de nos jours M. Guizot, que de prétendre, dans un pays monarchique, séparer la dynastie royale et la nation; elles sont intimement incorporées. » C'est cette union indissoluble, cette personnification de la nation dans la Royauté qui a fait la grandeur et la puissance de la France.

En vain voudrait-on séparer la Royauté de l'hérédité ; en vain objecterait-on avec Rousseau que l'hérédité

---

[1] *De Buonaparte et des Bourbons.*
[2] Voir le manifeste de Henri V aux Français 25 octobre 1852.
[3] *De la nouvelle proposition relative au bannissement de Charles X et de sa famille* (octobre 1831).

expose à se donner pour chefs des enfants, des monstres ou des imbéciles. L'histoire, l'expérience, le bon sens s'accordent pour attester l'excellence de l'hérédité. « L'hérédité du trône, disait autrefois un journal libéral, le *Globe*, est comme le symbole de toutes les autres hérédités qui forment la constitution actuelle de l'ordre social. » M. Guizot a dit également : « L'hérédité des trônes n'a d'autre but que de mettre le droit sur les trônes, afin qu'il soit partout. » Et un homme politique qui est aujourd'hui l'un de nos ministres, faisait observer, il y a quarante ans [1], que « l'hérédité de la couronne est nécessaire à une vieille société, travaillée de mille passions mauvaises, et dont l'institution vitale, la Propriété, est héréditaire. » Ce que disait M. de Larcy en 1831, combien plus justement nous pouvons le redire en 1871 ! Il est évident que, sans l'hérédité, point de stabilité, point de garanties d'avenir. Cela est si vrai que nous avons vu des gouvernements qui s'appuyaient sur le principe de la souveraineté du peuple, vouloir greffer l'hérédité sur l'élection, et qu'on est arrivé à « cette forme politique amphibie à tête de roi, à queue de peuple » que combattait Chateaubriand en 1831 [2], à cet accouplement étrange de la souveraineté populaire et de l'empire héréditaire contre lequel s'élevait M. Gambetta au Corps Législatif [3].

D'ailleurs, il faut le faire remarquer, ce qui constitue à nos yeux l'hérédité traditionnelle, ce n'est point seulement la transmission de la couronne en ligne directe de père en fils, c'est, dans cette transmission, la permanence du caractère qui lui est propre, à savoir d'être une condition de conservation pour toutes les lois morales de la société. Ainsi, selon la juste remarque de M. Laurentie, le droit est vraiment social. Voilà celui qu'il faut défendre, parce qu'aucune usurpation ne le peut détruire, et qu'il faudra bien qu'il préside à la régénération des nations chrétiennes [4].

---

[1] *La Révolution et la France en 1831.*
[2] *De la Restauration et de la Monarchie élective.*
[3] *Discours sur le Plébiscite* (5 avril 1870).
[4] *De la Légitimité et de l'Usurpation* (1830).

IV. Ce qu'a été la Monarchie.

« La Monarchie en France, a dit Henri V, dans son manifeste de 1852, c'est la maison royale de France indissolublement unie à la nation. Mes pères et les vôtres ont traversé les siècles, travaillant de concert, selon les mœurs et les besoins du temps, au développement de notre belle patrie. Pendant quatorze cents ans, seuls entre tous les peuples de l'Europe, les Français ont toujours eu à leur tête des princes de leur nation et de leur sang. L'histoire de mes ancêtres est l'histoire de la grandeur progressive de la France. »

Ces belles et nobles paroles sont l'exacte expression de la vérité, et le résumé de toute notre histoire.

« L'ancienne légitimité, a dit Chateaubriand, n'était autre chose que la volonté nationale personnifiée et maintenue dans une famille. » Elle était « la meilleure sanction des droits de la nation, en ce qu'elle communiquait à ces droits quelque chose d'historique et de traditionnel, de fort et de sacré. » C'est ainsi que Berryer a pu dire du haut de la tribune, au lendemain de la révolution de 1830 : « La légitimité des races royales est un droit plus précieux pour les peuples que pour les races royales. » Et hier encore M. Ernest Renan écrivait ces lignes remarquables : « A toute nationalité correspond une dynastie en laquelle s'incarnent le génie et les intérêts de la nation ; une conscience nationale n'est fixe et ferme que quand elle a contracté un mariage indissoluble avec une famille, qui s'engage par le contrat à n'avoir aucun intérêt distinct de celui de la nation. Jamais cette identification ne fut aussi parfaite qu'entre la maison capétienne et la France [1]. »

L'union de la Royauté et de la Nation, voilà le caractère propre à la Monarchie française ; voilà ce qui lui a

---

[1] *La Monarchie constitutionnelle en France* (novembre 1869).

assuré une perpétuité sans exemple dans l'histoire.
« La France, écrivait Jérôme Bignon sous le règne de
Henri IV, a bien cela de commun avec une grande partie
des peuples du monde qu'elle est monarchique, mais cecy
luy est de plus particulier de n'y avoir apporté aucune
mutation par tant de siècles. Qui pourroit en tous les
royaumes de l'univers montrer un autre Etat pareil,
autant ferme et stable, qui dure il y a douze cents ans?
Qui pourroit faire voir ou nommer une telle noblesse et
ancienneté de race, si bien prouvée, et une si longue
succession de tant de Roys? En telle sorte que, tant plus
il a esté assailly et travaillé et en l'extrémité des dangers,
c'est lors qu'il s'est trouvé plus fort et plus florissant
qu'auparavant[1]. »

Le Roi, en France, n'est point un chef ordinaire; c'est
un magistrat, c'est un PÈRE. Le sacre lui imprime un
sceau particulier : sa royauté est un sacerdoce. Au-dessus de lui il y a *la loi*, qu'il tient pour inviolable et qu'il
jure d'observer. « La première loi d'un souverain, disait
Henri IV, est de les observer toutes. » Et quand, dans
son immortel Testament, Louis XVI traçait ces lignes :
« Je recommande à mon fils, s'il a le malheur de devenir
Roi, de songer qu'il se doit tout entier au bonheur de ses
concitoyens, et qu'il ne peut faire le bonheur des peuples
qu'en régnant suivant les lois, » Louis XVI était fidèle
aux traditions de ses ancêtres depuis saint Louis
jusqu'à Louis XIV, pour qui le *métier de Roi* consistait
à TOUT RAPPORTER AU BIEN DE L'ÉTAT et à AVOIR POUR
SEUL POLE LE BONHEUR DE SES SUJETS[2].

Ainsi la Royauté française, avec ce caractère de magis-
trature, de paternité, a traversé les siècles, revêtue d'une
majesté incomparable que tempérait une bonté devenue
en quelque sorte son apanage, entourée de l'amour et du
respect des peuples, objet d'étonnement et d'admiration
pour les étrangers qui ne comprenaient point tant de

---

[1] *De l'excellence des Roys et du Royaume de France* (1610).
[2] *Œuvres de Louis XIV.*

simplicité et d'affabilité d'un côté, tant d'attachement mêlé de religieuse vénération de l'autre [1], et possédant en Europe une prééminence universellement reconnue, depuis le pape saint Grégoire proclamant la supériorité du roi de France sur tous les autres rois, jusqu'à l'empereur Joseph Ier s'écriant à la nouvelle de la mort de Louis XIV : « Le Roi est mort ! »

Quoi d'étonnant dès lors que la FAMILLE INCONTESTÉE, comme l'a appelée de nos jours Benjamin Constant, ait fait de grandes choses pour l'unité, pour la puissance et pour le bonheur de la France ? Je voudrais faire entendre ici ce concert de voix non suspectes qui se sont élevées pour attester une vérité éclatante comme le soleil et pour rendre un solennel hommage à la Royauté française : Chateaubriand et Augustin Thierry, Guizot et Thiers, Mignet et Michelet, Henri Martin et Renan. Je voudrais avec elles faire toucher du doigt cet admirable travail opéré grâce à la fixité de la dynastie, et qui a produit « une des choses les plus grandes qui se soient vues, la formation d'un pays poursuivie et exécutée pendant six siècles, sans interruption dans ses progrès. » (MIGNET). Je voudrais montrer cette dynastie capétienne qui eut « autant de princes supérieurs qu'elle avait de choses importantes à faire, » travaillant sans relâche à « l'établissement de cette précieuse unité de territoire, d'esprit, de langue, de gouvernement » (MIGNET) ; marquant chaque époque par un progrès dans la liberté, le bien-être, les lumières, l'importance sociale des différentes classes de la roture (AUGUSTIN THIERRY) ; apportant à son œuvre une sage lenteur, une persévérance infatigable, une habile modération, organisant le pays sans l'opprimer, « entretenant une sorte d'action démocratique propre à fournir des hommes en abondance » (MIGNET) ; et, placée à la tête de ces trois forces sur lesquelles reposait la société, le clergé qui représentait

---

[1] « Cela semblant naturellement comme impossible et incompatible, » dit Jérôme Bignon en constatant cette « vérité autant admirable que rare. »

la science, la noblesse la force guerrière, le tiers-état le travail libre, « représentant la nationalité dans son ensemble » (HENRI MARTIN). Je voudrais faire voir cette formation territoriale de la France, fruit non de l'ambition ou de la conquête, mais d'une politique sage, habile et invariable, nous donnant le Languedoc et le Poitou sous saint Louis ; la Champagne et le Lyonnais sous Philippe le Bel ; le Dauphiné sous Philippe de Valois ; la Saintonge et le Limousin sous Charles V ; la Guyenne et toutes les provinces un moment conquises par les Anglais sous Charles VII ; la Provence, la Bourgogne et la plus grande partie de la Gascogne sous Louis XI ; la Bretagne sous Charles VIII ; le Bourbonnais, la Marche et l'Auvergne sous François Ier ; les trois évêchés de Metz, Toul et Verdun sous Henri II ; la Navarre, le Béarn, les comtés de Foix et de Comminges et la Bresse sous Henri IV ; l'Alsace, le Roussillon, l'Artois, la Franche-Comté, une partie du Luxembourg, de la Flandre, du Brabant et du Hainaut sous Louis XIV, enfin la Lorraine sous Louis XV. Je voudrais faire toucher du doigt ce travail de protection de nos frontières nationales qui a été l'œuvre spéciale de la maison de Bourbon, et dont nos rois, depuis Henri IV, ont fait « la pensée dirigeante de leur politique et l'affaire principale de leur gouvernement ; » travail admirable, « unique dans l'histoire moderne, » qui a fait pendant un siècle le salut de la France (THÉOPHILE LAVALLÉE), et qui l'aurait sauvée une fois de plus si la Révolution n'avait pris plaisir à l'annihiler et à le détruire. Je voudrais enfin montrer la maison de Bourbon nous apportant, après le despotisme et les guerres du premier empire, la paix et la liberté, garantissant l'intégrité de nos frontières, relevant nos finances, notre marine, notre commerce, nous donnant, avec une prospérité matérielle inconnue jusqu'alors, les précieux avantages d'un gouvernement libre, et préparant, par une politique habile et fidèle aux traditions nationales, l'heure où la France pourrait prendre sa revanche des désastres attirés sur elle par les folies ambitieuses de Napoléon.

Je n'écris point un livre. Ceux qui voudront se rafraîchir au spectacle de ces grandes choses n'ont qu'à feuilleter les pages de notre histoire. *Ce qu'a été la Monarchie Française*, ah! notre patriotisme ne saurait l'oublier ni le méconnaître en face des humiliations et des ignominies de l'heure présente !

V. Par qui la Monarchie est représentée.

Croirait-on qu'il y a en France des gens qui ignorent, non-seulement quel est aujourd'hui le représentant de la Monarchie, mais quels sont les membres existants de la maison de Bourbon ? Tant est vraie cette parole que l'histoire qu'on sait le moins est celle du temps qui a précédé immédiatement le temps où l'on vit! Il importe donc de préciser ces notions, inconnues pour quelques-uns, incertaines pour le plus grand nombre.

Le roi Charles X, qui avait abdiqué le 2 août 1830 en faveur de son petit-fils, étant mort à Goritz le 6 novembre 1836, et son fils aîné le duc d'Angoulême étant mort sans enfants à Goritz, le 3 juin 1844, le chef de la maison de Bourbon est HENRI-CHARLES-FERDINAND-MARIE DIEUDONNÉ, né posthume, le 29 septembre 1820, du mariage de Charles-Ferdinand, duc de Berry, deuxième fils du roi Charles X, assassiné le 13 février 1820, et de Caroline-Ferdinande-Louise de Bourbon, princesse de Naples. Il porta sous le règne de son grand-père le titre de duc de Bordeaux, et a pris dans l'exil le nom de comte de Chambord, en souvenir du don que lui avait fait la France du château de Chambord. Le chef de la maison de Bourbon a épousé, le 16 novembre 1846, Marie-Thérèse-Béatrice-Gaétane d'Este, sœur du duc de Modène. Il n'a pas eu d'enfants de ce mariage.

A côté du dernier représentant de la branche aînée de la maison de Bourbon, dont la sœur, l'héroïque duchesse de Parme, unie à un Bourbon, a laissé deux fils, il existe deux branches de la maison de Bourbon, séparées du tronc depuis un temps assez éloigné :

1° La branche des BOURBONS D'ESPAGNE, qui remonte à Philippe de France, duc d'Anjou, deuxième fils de Louis de France, dit le *Grand Dauphin*, et petit-fils de Louis XIV, laquelle se subdivise en trois rameaux :

Les Bourbons d'Espagne, dont le représentant est aujourd'huile cinquième descendant de Philippe V, M. le duc de Madrid (Charles VII), né le 30 mars 1848 et marié à une nièce de M. le comte de Chambord ;

Les Bourbons de Naples, dont le représentant est aujourd'hui François II, roi des Deux-Siciles, né le 16 janvier 1836, détrôné en 1860 ;

Les Bourbons de Parme, dont le représentant est aujourd'hui Robert, duc de Parme, né le 9 juillet 1848, neveu de M. le comte de Chambord.

2° La branche d'ORLÉANS, qui remonte à Philippe de France, duc d'Orléans, deuxième fils de Louis XIII. Cette branche, la seule qui puisse être appelée à recueillir là succession de Henri V, compte aujourd'hui un grand nombre de représentants.

Le chef de la branche d'Orléans est Louis-Philippe Albert, comte de Paris, fils du duc d'Orléans, et petit-fils de Louis-Philippe, roi des Français, né le 24 août 1838, marié, le 30 mai 1864, à sa cousine germaine Marie-Isabelle, fille du duc de Montpensier, dont un fils, né au commencement de 1871, et une fille, née en 1865.

M. le comte de Paris a un frère, Robert d'Orléans, duc de Chartres, né le 9 novembre 1840, marié en 1863 à sa cousine germaine Françoise, fille du prince de Joinville, dont deux fils et une fille.

M. le comte de Paris a quatre oncles :

1° Louis d'Orléans, duc de Nemours, l'aîné des fils survivants de Louis-Philippe, né en 1814, qui a pour fils le comte d'Eu, né en 1842, et le duc d'Alençon, né en 1844 ;

2° François d'Orléans, prince de Joinville, né en 1818, qui a pour fils le duc de Penthièvre, né en 1845 ;

3° Henri d'Orléans, duc d'Aumale, né en 1822, qui a pour seul fils survivant le duc de Guise, né en 1854 ;

4° Antoine d'Orléans, duc de Montpensier, fixé en Espagne par son mariage avec la fille cadette de Ferdinand VII.

VI. Quelle a été la vie du représentant de la Monarchie ?

Cette vie tient dans trois dates :

Naissance : 1820.

Exil :   1830.

Mariage :   1846.

On n'y trouvera pas d'actes éclatants, de manifestations bruyantes, d'entreprises hardies et audacieuses. On y chercherait en vain une pensée personnelle, un désir ambitieux, une soif ardente de pouvoir. Le caractère de cette vie, ce qui lui imprime une véritable grandeur, c'est l'abnégation, c'est l'amour du pays, c'est le dévouement absolu à la France, c'est l'invariable résolution de respecter sa volonté et de ne rien faire qui puisse troubler son repos.

Ecoutez cette voix dont les échos ont retenti au milieu de nous, depuis trente ans, à de rares intervalles.

Qu'a-t-elle dit en 1843 ?

« Les lois injustes qui me forcent à vivre loin de la patrie ne peuvent rien changer à mes sentiments, et je reste Français de cœur et d'espérance. »

Qu'a-t-elle dit en 1844 ?

« Je ne vois dans mes droits que des devoirs à remplir. Je ne veux jamais remettre le pied en France que lorsque ma présence sera utile à son bonheur et à sa gloire. »

Qu'a-t-elle dit en 1848 ?

« Français avant tout, je n'ai jamais souffert, je ne

souffrirai jamais que mon nom soit prononcé lorsqu'il ne pourrait être qu'une cause de division et de trouble. Mais si la France tourne vers moi ses regards et prononce elle-même mon nom comme un gage de sécurité et de salut, comme la garantie véritable des droits et de la liberté de tous, qu'elle se souvienne alors que mon bras, que mon cœur, que ma vie, que tout est à elle! »

Qu'a-t-elle dit en 1852?

« Français! En présence des épreuves de ma patrie, je me suis volontairement condamné à l'inaction et au silence. Je ne me pardonnerais pas d'avoir pu un seul moment aggraver ses embarras et ses périls. J'ignore s'il me sera donné de servir un jour mon pays; mais je suis bien sûr qu'il n'aura pas à me reprocher une parole, une démarche qui puisse porter la moindre atteinte à sa prospérité et à son repos. »

Qu'a-t-elle dit enfin en 1870?

« Durant les longues années d'un exil immérité, je n'ai pas permis un seul jour que mon nom fût une cause de division et de trouble; mais aujourd'hui qu'il peut être un gage de conciliation et de sécurité, je n'hésite pas à dire à mon pays que je suis prêt à me dévouer tout entier à son bonheur. »

Interrogez tous les documents, interrogez tous les témoins de cette longue vie d'exil et de sacrifices, vous aurez toujours la même réponse; un sentiment unique domine toute cette existence : l'intérêt de la France. Jamais prince n'a été plus fidèle à sa devise : *Tout pour la France.* Le représentant du DROIT, qui disait à la France à la veille de l'empire : « Je maintiens mon droit qui est le plus sûr garant des vôtres, » a donc été avant tout l'homme du DEVOIR. C'est que pour lui, il l'a répété souvent, les droits ne sont que des devoirs. L'œil fixé sur la France, sans cesse occupé de ses intérêts, étudiant toutes les questions qui se rattachent à son avenir, accueillant la vérité de quelque côté qu'elle vînt, il a attendu avec une héroïque résignation que l'heure sonnât où il pût enfin mettre au service de son pays toutes les forces d'une grande intelligence et d'un dévouement sans limites.

———

VII. Quelles sont les opinions du représentant de la Monarchie? — Opinions sur l'ancien régime, les droits féodaux, etc.

On convient volontiers que Henri V s'est tenu dignement et patriotiquement à l'écart. Mais, parmi ceux qui prononcent aujourd'hui son nom, combien en est-il qui le connaissent et qui lui rendent pleine justice? Pour beaucoup, la Monarchie qu'il représente n'est autre chose que l'ancien régime, avec ses priviléges et ses abus. Le « silence » et l'« inaction » auxquels, par respect pour la France, le représentant du principe héréditaire s'est condamné, a laissé le champ libre à bien des préjugés, à plus d'un mensonge, et même à la calomnie. Heureusement, ce sont là des fantômes qu'un souffle suffit à faire évanouir.

Henri V partisan de l'ancien régime! Mais dans toutes les occasions, il s'est montré animé des idées les plus sagement libérales; il veut une représentation nationale sincère et complète, il veut la liberté individuelle, la liberté religieuse, l'égalité devant la loi, il veut toutes les institutions d'un pays libre; et un républicain a pu dire de lui en 1848 qu'il était presque un *libéral de la Restauration*.

Henri V partisan des droits féodaux! Mais il s'est toujours déclaré l'ennemi des priviléges; il prétend être le roi non d'une classe, d'une caste ou d'un parti, mais le ROI DE TOUS; il veut que chacun, par son mérite, ait un libre accès *à tous les emplois, à tous les honneurs, à tous les avantages sociaux*. Il ne regarde ni au nom, ni à l'origine, ni à la fortune : le mérite et les services, voilà, à ses yeux, les seules distinctions. Ses déclarations formelles et réitérées peuvent se résumer dans ces pa-

1***

roles : « Si la Providence m'appelle à régner un jour, je ne serai pas le Roi d'une seule classe, *mais le Roi ou plutôt* LE PÈRE DE TOUS. »

Henri V partisan des abus du passé! Mais il suffit d'interroger tous ceux qui l'ont visité, et ces industriels, ces ouvriers qui, plus d'une fois, se sont pressés autour de lui, pour faire disparaître ces chimères, et pour reconnaître que partout et toujours il s'est montré accessible à tous, sans distinction de classes et de conditions. Chacun a pu le voir, l'entendre, et recueillir de sa bouche les témoignages non équivoques de son esprit franchement et sincèrement libéral, de son horreur pour tout ce qui est injuste, de son zèle pour les intérêts des classes laborieuses, de son ardent désir de travailler à toutes les réformes utiles. Aussi n'est-il personne qui, en le quittant, n'ait laissé échapper cette exclamation : *Ah! si la France le connaissait!*

VIII. Quelles sont les opinions du représentant de la Monarchie (SUITE)? — Son programme. Comment et par qui il entend gouverner.

Henri V comprend donc à merveille les nécessités de son temps. S'il veut le *droit pour base*, s'il veut asseoir la société française sur les solides assises du principe qui a fait sa force pendant de longs siècles, le principe de la Monarchie héréditaire, il veut aussi toutes les libertés publiques compatibles avec une autorité forte et incontestée. Il n'a cessé de le déclarer : sous la monarchie de Juillet comme sous la République de 1848, sous l'empire comme depuis la chute de l'empire, son programme est demeuré invariable. Ce programme comprend ce que M. Thiers a appelé au Corps législatif, en 1866, les *libertés nécessaires*, ce que, dès 1845, dans son *Histoire du Consulat et de l'Empire*, il présentait comme les « vérités immortelles » léguées par 1789 au genre humain, à savoir l'égalité devant la loi, la liberté civile et religieuse, une représentation sincère et complète du pays votant l'impôt, concourant à la confection des lois, exerçant un sérieux contrôle sur les dépenses ; il comprend en outre le règne et le respect des lois, l'exclusion de tout arbitraire, le libre accès pour tous aux honneurs et aux avantages sociaux, une sage et progressive décentralisation, et, au-dessus de tout cela, une grande chose, l'*honnêteté*, « l'honnêteté qui n'est pas moins une obligation dans la vie publique que dans la vie privée. » « Pour la monarchie traditionnelle, a écrit encore le prince (novembre 1869), gouverner, c'est s'appuyer sur les vertus de la France, c'est développer tous ses nobles instincts; c'est vouloir qu'elle soit la première par la foi, par la puissance et par l'honneur. »

Ce ne sont pas là seulement des phrases, ce ne sont pas de vagues et stériles promesses ; ce sont des déclarations qui engagent; c'est toute une politique qui est le résultat de profondes méditations, et que nous pouvons appeler la *politique royale*. « J'ai employé, écrivait Henri V en 1848, les longues années de mon exil à étudier les choses et les hommes. Je comprends les conditions que le temps et les événements ont faites à la société actuelle. » Et en 1866, exposant encore une fois ses idées politiques, il disait : « C'étaient les idées de ma jeunesse ; ce sont mes idées d'aujourd'hui, confirmées et mûries par le travail et l'expérience. »

Maintenant, comment Henri V prétend-il réaliser son programme? Par l'union, par la concorde, par le concours de tous. Il n'a d'amertume contre personne. Il veut accueillir tous les hommes utiles et dévoués, quel qu'ait été leur passé, à quelque nuance d'opinion qu'ils aient appartenu. Il veut l'alliance et l'appui de tous les partis n'en formant plus qu'un seul, indissolublement uni désormais pour la défense des intérêts de la société, car, a-t-il dit, « je n'aurai pas trop du concours de tous les talents, de toutes les capacités, de tous les caractères honorables, de tous les cœurs qui aiment sincèrement leur patrie pour m'aider à remplir les grands devoirs qui me seront

imposés. » Il veut surtout — il n'a cessé de le déclarer —
le concours de tous les membres de sa famille, et n'est-
ce pas dans cette union des princes de la maison de
Bourbon, dans cette solennelle reconnaissance du droit
héréditaire par tous ces jeunes princes pleins de vie et
d'avenir, et dont les services peuvent nous être si utiles,
que notre pays peut trouver « un gage de salut et une
des plus fermes garanties de son avenir ? »

Au moment où ces pages s'impriment, la voix de Henri V
vient encore de retentir au milieu de nous. En s'adres-
sant à un ami, à la date du 8 mai, il parle à la France.
Que la France écoute et qu'elle entende !

« Ce que je demande, c'est de travailler à la régénération du pays, c'est de donner l'essor à toutes ses aspira-
tions légitimes, c'est, à la tête de toute la Maison de
France, de présider à ses destinées, en soumettant avec
confiance les actes du Gouvernement au sérieux contrôle
de représentants librement élus.

« On dit que la Monarchie traditionnelle est incompatible avec l'égalité de tous devant la loi. Répétez bien que
je n'ignore point à ce point les leçons de l'histoire et les
conditions de la vie des peuples. Comment tolérerais-je
des priviléges pour d'autres, moi qui ne demande que
celui de consacrer tous les instants de ma vie à la sécurité et au bonheur de la France, et d'être toujours à la
peine avant d'être avec elle à l'honneur?....

« Croyez-le bien, je serai appelé non-seulement parce
que je suis le droit, mais parce que je suis l'ordre; parce
que je suis la réforme; parce que je suis le fondé de
pouvoir nécessaire pour remettre en sa place ce qui
n'est pas, et gouverner avec la justice et les lois dans
le but de réparer les maux du passé, et de préparer enfin
un avenir.

« On se dira que j'ai la vieille épée de la France dans
la main, et, dans la poitrine, ce cœur de Roi et de Père
qui n'a point de parti. Je ne suis point un parti, et je ne
veux pas revenir pour régner par un parti. Je n'ai ni

injure à venger, ni ennemi à écarter, ni fortune à refaire, sauf celle de la France, et je puis choisir partout les ouvriers qui voudront loyalement s'associer à ce grand ouvrage.

« Je ne ramène que la religion, la concorde et la paix, et je ne veux exercer de dictature que celle de la clémence, parce que dans mes mains, et dans mes mains seulement, la clémence est encore la justice. »

IX. Nécessité de revenir à la Monarchie. — Nécessité de salut public.

Si l'on fait attention, d'une part, que les voix les plus autorisées se sont élevées, depuis quarante ans, pour montrer la pente fatale sur laquelle la France s'engageait en rompant avec ses traditions, les dangers inévitables qu'elle courait, l'impérieuse nécessité de revenir au droit, de rompre énergiquement avec la révolution ; si l'on observe d'autre part que les faits sont venus successivement donner raison à ces solennels avertissements, il semblerait qu'aujourd'hui la leçon dût être complète, que l'expérience fût définitive, que chacun dût enfin reconnaître la source du mal et le moyen d'y remédier. Hélas ! il n'en est rien ; et la tâche que tant d'esprits éminents ont remplie à plus d'une reprise, il nous faut la remplir à notre tour ; il faut faire toucher du doigt à la génération contemporaine la cause de nos malheurs, et sonder les profondeurs de cet abîme où la PATRIE menace de s'engloutir.

« Toutes les autorités sont dégradées, écrivait Chateaubriand en 1831, et la liberté ne se sauve qu'en se traînant dans un reste de raison individuelle. L'attaque à la propriété ne tardera pas. Tout paraît usé ; arts, littérature, mœurs, passions, tout se détériore. Les plus nobles délassements de l'esprit sont remplacés par des spectacles grossiers. En politique, même aberration. On n'a pu se tenir à rien. On ne croit plus ni à la liberté, ni à la tyrannie, ou plutôt l'une et l'autre ne semblent plus possibles. La pire des périodes que nous ayons parcourue semble être celle où nous sommes, parce que l'anarchie règne dans la raison, la morale et l'intelligence [1]. »

« Tout le monde le veut et le dit aujourd'hui, disait à la même époque M. de Larcy, dans une brochure qui lui valut les félicitations de Chateaubriand ; nous touchons à une dissolution sociale. L'insubordination ne semble-t-elle pas devenue l'état normal de la société ? L'armée elle-même n'a-t-elle pas épouvanté la cité par ses désordres [2] ? »

« Le mal est immense, écrivait M. Guizot dix-huit ans plus tard, en janvier 1849 ; il n'y a point de termes pour le qualifier, point de mesure pour le mesurer. Les souffrances et les hontes qu'il nous inflige sont peu de chose auprès de celles qu'il nous prépare s'il se prolonge. Le chaos de nos idées et de nos mœurs politiques abat tous les remparts de la société, et le chaos, s'il se prolongeait au sein d'un peuple, ce serait la mort [3]. »

Qui peut nier que le mal dont la société était atteinte dès 1831 et qui était devenu si grave en 1848, n'ait fait depuis d'effroyables progrès ? En 1871, la crise sociale est arrivée à son apogée, et la France envahie, occupée, démembrée par l'ennemi du dehors, est aux prises avec l'ennemi du dedans. L'anarchie est dans les esprits comme dans les faits. La foi morale chancelle en nous, la foi religieuse a presque disparu. C'est le chaos qui apparaît avec toutes ses horreurs, et plus d'un esprit faible ou douteur en est à se demander si nous ne voyons pas commencer l'agonie de la France.

Pour nous, hommes de foi, hommes de principes avant tout, nous avons plus de confiance dans l'avenir de la PATRIE. Notre fierté est révoltée, notre patriotisme souffre cruellement ; mais nous ne perdons pas l'espérance, et

---

[1] *De la nouvelle proposition relative au bannissement de Charles X et de sa famille.*
[2] *La Révolution et la France en 1831.*
[3] *De la Démocratie en France.*

nous osons porter à la Révolution un solennel défi de
détruire l'œuvre des siècles. Nous possédons une vertu
trop longtemps méconnue, une puissance trop souvent
dédaignée : nous avons le DROIT, qui tôt ou tard triom-
phera de la FORCE.

Ne dites pas que c'est là le langage du sentiment et
de l'illusion. C'est le langage de la raison et du bon
sens. Ecoutez un des esprits les plus éminents et les
moins suspects de notre temps :

« Par quelle incurable arrogance, a dit M. Guizot, re-
pousserions-nous les leçons que Dieu prodigue devant
nous depuis soixante ans? (Hélas! il faut ajouter vingt-
deux années, bien lourdes et bien cruelles.) Il faut savoir résister non-seulement au mal, mais au principe du
mal, non-seulement au désordre, mais aux passions et
aux idées qui enfantent le désordre. Il est absurde de
demander le principe de stabilité dans le gouvernement
aux éléments mobiles de la société. Ce n'est point en
rebroussant chemin vers la Révolution que la France
marchera confiante et animée; il n'y a là que des sources
taries où notre société fatiguée n'ira point se désaltérer
et se rafraîchir. L'esprit révolutionnaire est incapable de
nous rendre cette foi, cette énergie morale qui font la
grandeur des nations. Il faut revenir au respect du droit,
base unique de la stabilité sociale, car hors du droit, il
n'y a que la force, qui est essentiellement variable et
précaire; il faut revenir à l'esprit religieux, à la religion,
cette puissance tutélaire qui, depuis tant de siècles, a
veillé et agi plus qu'aucune autre pour la dignité morale
et les plus chers intérêts de l'humanité [1]. »

Plus de faiblesses donc, plus de complaisances fatales,
plus d'attermoiements funestes; la société s'est perdue
par l'oubli des vrais principes; elle ne peut se sauver
que par le retour à ces principes. On l'a dit avec jus-
tesse : « C'est précisément parce qu'il se fait des révolutions qui peuvent briser tous les droits qu'il faut rap-

----

[1] *De la Démocratie en France.*

peler et proclamer tous les droits. Le droit seul est
national, le droit seul est protecteur [1]. »

Que gagnerons-nous, d'ailleurs, à perpétuer cet état
révolutionnaire, cause de nos malheurs ? Que trouve-
rons-nous au bout de cette voie dans laquelle nous nous
obstinons à marcher ? L'oppression ou la ruine. « Si la
France, écrivait M. Renan quelques mois avant nos désastres, est condamnée à une fatale alternative d'anarchie et de despotisme, sa perte est inévitable. Les révolutions tuent si elles durent [2]. » Et M. Guizot, au début
de l'empire, faisait entendre ces paroles trop justifiées
par les faits : « Les révolutions corrompent, ou glacent,
ou énervent les cœurs ; elles propagent le culte de la
force et de la fraude, non celui du droit et de la liberté ;
elles font des libertins habiles à profiter de tout, des
poltrons dociles à tout, et des honnêtes gens découragés
qui, au jour de l'épreuve, se retirent de toute pensée
publique et se renferment dans leurs intérêts privés, se
jugeant incapables de faire eux-mêmes les affaires du
pays [3]. »

La Monarchie est donc nécessaire pour rendre à la
France la sécurité, l'ordre, la paix ; elle n'est pas moins
nécessaire pour la mettre en possession d'institutions
libres, pour lui faire reprendre son rang dans le monde.

X. Nécessité de revenir à la Monarchie (SUITE). — Nécessité de liberté publique et d'honneur national.

La Révolution française a eu la prétention de donner
au pays la liberté politique. Quatre-vingts années d'ef-
forts, de luttes, de bouleversements sont écoulées depuis qu'elle est à l'œuvre, et l'édifice de notre liberté

[1] M. LAURENTIE, *De la légitimité et de l'usurpation.*
[2] *La Monarchie constitutionnelle en France* (novembre 1869).
[3] *Nos mécomptes et nos espérances* (avril 1855).

est encore à fonder. Condamnée par ses excès et par ses crimes, la Révolution ne l'est pas moins par son impuissance. Les meilleurs esprits, parmi ses plus fervents adeptes, sont forcés d'en convenir, et avec une louable franchise, ils ont prononcé contre elle un arrêt sans appel. « La Révolution, a dit M. Renan, méconnut tout à fait les règles de la liberté moderne. Elle crut qu'on fonde la liberté par la souveraineté du peuple et au nom d'une autorité centrale, tandis que la liberté s'obtient par de petites conquêtes locales successives, par des réformes lentes. L'État ainsi établi est trop fort ; loin de garantir toutes les libertés, il absorbe toutes les libertés ; sa forme est la convention ou le despotisme. Ce qui devait sortir d'une telle conception de la société ne pouvait être autre chose qu'une administration, un réseau de préfets, un code civil étroit, une machine servant à étreindre la nation, un maillot où il lui serait impossible de vivre et de croître. La jalousie résume toute la théorie morale de ces prétendus fondateurs de nos lois. Or, la jalousie fonde l'égalité, non la liberté ; mettant l'homme toujours en garde contre les emportements de son semblable, elle empêche l'affabilité entre les classes. Pas de société sans amour, sans tradition, sans respect, sans mutuelle aménité [1]. »

Il y eut un temps, cependant, où la liberté politique fleurit en France, et ce temps — on en convient aujourd'hui — fut celui où la Royale maison de Bourbon présida de nouveau à nos destinées. Les révolutionnaires nous avaient promis la liberté : les événements nous ont prouvé qu'ils ne la voulaient pas, et que, la voulussent-ils, ils ne pouvaient pas nous la donner. Ce sont les Bourbons qui ont présidé à l'éducation constitutionnelle de la France [2], et, depuis quarante ans, les défenseurs du droit héréditaire sont demeurés les plus sincères et les plus intrépides champions de la liberté ; ils

---

[1] *La Monarchie constitutionnelle en France.*
[2] M. de Larcy a eu l'honneur de proclamer cette vérité en 1831.

l'ont défendue à la tribune, dans la presse, avec une invariable constance, et on les retrouve aujourd'hui, sur les bancs de l'Assemblée nationale, fidèles à leur programme, qui reste le même, comme le remarquait dernièrement M. Raudot, parce qu'il n'est point l'œuvre du caprice ou des circonstances. Seule la Monarchie peut donner la liberté, parce que seule elle possède l'autorité. « Il n'y avait qu'une vieille souche profondément enracinée dans le passé, écrivait Chateaubriand en mars 1831, qui pût être battue impunément des vents de la liberté de la presse. Il y eut liberté en France pendant les trois premières années de la Révolution parce qu'il y eut Légitimité : depuis la mort de Louis XVI, que devint cette liberté jusqu'à la Restauration ? Elle tua tout sous la République et fut tuée sous l'Empire [1]. » La seconde République et le second Empire ont-ils été plus favorables à la liberté ? En vain espérerait-on la trouver dans des combinaisons transitoires et précaires. Pour posséder cette faveur inappréciable, il faut s'adresser à ce qui, plus que jamais, est « la meilleure sauvegarde des libertés publiques [2], » il faut revenir à la monarchie héréditaire. Chateaubriand avait raison en 1831 de réclamer Henri V comme le « garant de nos franchises. » « Cet enfant, disait-il, porte en lui, par l'ancienne volonté nationale introduite dans ses veines et mêlée à son sang, la vertu de donner à nos libertés une durée salutaire [3]. » Ce que Chateaubriand disait de l'enfant, nous pouvons plus justement le dire de l'homme. Si la France doit posséder un jour la liberté, c'est à lui qu'elle le devra, car — il nous l'a dit — « c'est uniquement à l'ombre du principe tutélaire de la royauté traditionnelle que peut se rétablir l'alliance si désirée d'une autorité forte et d'une sage liberté [4]. »

Ai-je besoin d'insister sur la nécessité de revenir à la

[1] *De la Restauration et de la Monarchie élective.*
[2] CHATEAUBRIAND, *De la Restauration et de la Monarchie élective.*
[3] *De la nouvelle proposition relative au bannissement de Charles X et de sa famille.*
[4] Lettre à M. de Corcelle (1852).

monarchie pour que la France reprenne son rang dans le monde, pour que nous ne soyons plus la risée de l'Europe, pour que notre puissance, notre sécurité et notre honneur ne soient plus joués impudemment comme dans un coup de dés, et compromis soudain par une politique d'aventuriers au *cœur léger*?

Pouvons-nous supporter plus longtemps qu'au point de vue politique on puisse écrire avec vérité : « La France offre cet étrange spectacle d'un pays qui essaye tardivement de regagner son arriéré sur les nations qu'elle avait traitées d'arriérées, qui se remet à l'école des peuples auxquels elle avait prétendu donner des leçons [1] ? » Pouvons-nous supporter plus longtemps qu'au point de vue diplomatique la carte de l'Europe puisse être remaniée sans nous et malgré nous, qu'on se moque des traités où la France avait mis sa signature, et que notre ascendant moral soit détruit à ce point que toutes les puissances ont assisté d'un œil impassible aux désastres et au démembrement de la France?

Ah ! c'est ici qu'il faut redire plus que jamais cette grande parole de Chateaubriand : « Il ne manque aujourd'hui au présent que le passé. » Que nous sommes loin du temps où l'empereur Alexandre reconnaissait que la grandeur de la France est nécessaire à l'Europe ! Que nous sommes plus loin encore du temps où le grand Frédéric disait : « Si j'étais le roi de France, il ne se tirerait pas « un coup de canon en Europe sans ma permission ! »

XI. Obstacles au retour de la Monarchie. — La République.

Beaucoup d'esprits sont frappés des avantages qu'il y aurait à revenir à la Monarchie, mais ils sont encore plus frappés des obstacles qui s'opposent à cette solution, et ils s'arrêtent indécis, craintifs, prêts à se rattacher encore

------

[1] M. RENAN, *la Monarchie constitutionnelle en France.*

à un expédient quel qu'il soit, comme un noyé qui, se débattant au milieu des flots, saisit la première branche qu'il rencontre. Plaçons-nous donc en face de ces obstacles, et cherchons s'ils sont aussi sérieux qu'on le pense.

Je ne parlerai point ici de l'Empire. Je ne m'abaisserai point à discuter ce gouvernement qui a eu pour ressort la crainte, et pour but la satisfaction de tous les intérêts matériels, singulièrement compromis aujourd'hui par ses fautes et par son ineptie ; ce gouvernement corrompu et corrupteur qui, après avoir avili et ruiné le pays, l'a lancé dans les plus folles aventures et l'a laissé désarmé en présence de l'invasion qu'il avait attirée sur lui ; ce gouvernement qui, au dedans et au dehors, a été le serviteur si complaisant et l'exécuteur si docile de la Révolution. La France n'a point eu à le renverser, car lui-même s'est suicidé. Si, malgré tant de folies et de crimes, malgré l'universelle réprobation dont il est demeuré frappé, malgré le vote de déchéance solennellement rendu par une Assemblée souveraine, l'Empire osait relever la tête, si par un nouveau coup de main ou par de ténébreuses intrigues il parvenait à nous courber encore une fois sous son joug odieux, il faudrait à jamais désespérer de la France ; il n'y aurait plus, comme l'écrivait Chateaubriand en 1814 [1], qu'à fuir au fond des déserts, à changer de nom et de langage, pour tâcher d'oublier et de faire oublier que nous avons été Français.

Le principal, le seul véritable obstacle qu'on allègue contre le retour à la Monarchie, c'est le progrès de l'esprit républicain, c'est la puissance de l'élément démocratique au sein de la société française. Je ne nierai pas l'existence de cet esprit, l'importance de cet élément. Il y a là pour l'autorité, pour l'ordre, pour tous les intérêts sociaux, un danger et une menace dont les hommes politiques n'ont cessé de se préoccuper. Dès 1820, Cha-

---

[1] *De Buonaparte et des Bourbons.*

teaubriand constatait l'existence d'une génération impatiente de tous les jougs, ennemie de tous les rois, rêvant la République et incapable par ses mœurs des vertus républicaines. « Elle s'avance, disait-il ; elle nous presse : elle nous pousse : bientôt elle va prendre notre place [1]. Cette génération a grandi ; nous l'avons vue à l'œuvre en 1848 ; puis d'autres générations sont venues, et nous avons aujourd'hui à compter avec elles. Elles sont plus âpres dans leurs revendications, plus exigeantes dans leurs prétentions, plus turbulentes dans leurs allures. Leur républicanisme frise de près le radicalisme. Plus puissant par l'audace que par le nombre, ce parti est parvenu à dominer non-seulement dans Paris, mais dans plusieurs grandes villes, il a même su exploiter certaines de nos provinces. « L'esprit démocratique, écrivait M. Renan en novembre 1869, tel que nous le connaissons à Paris, avec sa raideur, son ton absolu, sa simplicité décevante d'idées, ses soupçons méticuleux, son ingratitude, a conquis certains cantons ruraux d'une façon qui étonne. L'idée des droits égaux de tous, la façon de concevoir le gouvernement comme un simple service public qu'on paye et auquel on ne doit ni respect, ni reconnaissance, une sorte d'impertinence américaine, la prétention d'être aussi sage que les meilleurs hommes d'Etat et de réduire la politique à une simple consultation de la majorité, voilà l'esprit qui envahit de plus en plus, même dans les campagnes [2]. »

Encore une fois, je constate cet esprit et les progrès qu'il a faits, et je m'en préoccupe avec tous les hommes politiques de ce temps. Mais est-ce là un indice que la France soit devenue républicaine ? est-ce une raison suffisante pour nous faire adopter la République ? L'éminent écrivain dont je viens de citer le témoignage est loin de le penser. Il croit, au contraire, que jamais la République ne pourra s'établir en France et que le parti républicain triomphât-il, par impossible, son triomphe

[1] *Mémoires sur le duc de Berry.*
[2] *La Monarchie constitutionnelle en France.*

même serait sa ruine: « Les intérêts les plus pressants de la France, écrit-il, son esprit, ses qualités et ses défauts lui font de la Royauté un besoin. Le lendemain du jour où le parti radical aura jeté bas une Monarchie, les journalistes, les littérateurs, les gens d'esprit, les gens du monde, les femmes conspireront pour en rétablir une autre, car *la Monarchie répond à des besoins profonds de la France.* »

Pour qu'une République soit possible dans un pays, il faut d'ailleurs qu'il ait les conditions d'existence d'une République. La France les possède-t-elle ? Qu'on interroge les républicains honnêtes et sincères, — il en est encore, en trop petit nombre, malheureusement, — ils confesseront avec M. Renan qu'une République centralisée de trente millions d'âmes est une chose sans exemple dans l'histoire ; ils reconnaîtront avec Montesquieu que nous ne sommes pas assez vertueux pour pouvoir nous passer de la Monarchie. Où sont, en effet, « toutes ces vertus héroïques que nous trouvons dans les anciens et dont nous avons seulement entendu parler, l'amour désintéressé de la patrie, le renoncement à soi-même, le sacrifice de ses plus chers intérêts [1] ? » La Monarchie peut suppléer à ce manque de vertus, car « la politique y fait faire les grandes choses avec le moins de vertu qu'elle peut [2]. » Mais la République ne saurait vivre sans ce ressort nécessaire. « Les nations, a dit M. Guizot, ne sont capables de se gouverner elles-mêmes que lorsque les âmes se gouvernent fortement elles-mêmes [3]. »

Ce n'est pas tout que d'inscrire au frontispice de nos édifices publics et en tête de nos lois le mot de *République.* « Le gouvernement républicain ne peut réclamer, à cause de son nom, ni dispense, ni privilége. Il faut qu'il satisfasse aux besoins soit permanents, soit actuels, de la société qu'il est appelé à régir. Il faut qu'il ait le concours de toutes les classes de citoyens. Si la masse de la

[1] MONTESQUIEU.
[2] *Ibid.*
[3] *Nos mécomptes et nos espérances.*

population ne l'adopte pas chaudement, il est sans racines ; si les classes élevées le repoussent et le délaissent, il est sans repos. Et dans l'un et dans l'autre cas, pour vivre, il est réduit à opprimer [1]. » L'histoire du passé n'est-elle pas la condamnation du système républicain en France ? Et quand nous n'aurions pas eu sous les yeux le spectacle que nous a donné la République du 4 septembre, ne serions-nous pas en droit de répéter avec M. Guizot : « La République n'est point autre qu'elle n'a été. Ce sont les mêmes idées, les mêmes tentatives, souvent les mêmes formes, les mêmes paroles. Spectacle étrange ! la République se redoute elle-même et voudrait se transformer ; elle ne sait que se copier [2]. »

Non, la République ne peut s'installer en France ; elle n'est qu'un accident et une aventure ; elle ne peut ni rétablir l'ordre, ni ramener le crédit, ni réorganiser le pays. En vain voudrait-on tenter d'établir une République... sans républicains. On ne satisferait personne, pas même ces démocrates rigides qui pour la forme républicaine sacrifieraient volontiers la réalité, pas même ces conservateurs timorés qui, dominés par la peur, — ce sentiment inconnu en France avant nos dernières révolutions et qui a pris la place du vieil honneur français, — ou pétrifiés par « l'horreur du plus petit mouvement [3], » sont toujours les serviteurs dociles du fait accompli. Qu'on ne s'exagère pas d'ailleurs la portée du mouvement démocratique. Hors des hommes de désordre, qu'on aura toujours pour ennemis irréconciliables, on peut gagner bien des gens à la cause de la monarchie libérale en la leur montrant telle qu'elle est et en détruisant leurs préjugés. Il ne faut pas, par crainte d'une opposition moins redoutable qu'on ne le pense, priver la France des inappréciables avantages d'un gouvernement stable et réparateur. Ces troubles dont on nous effraye — et le présent en est-il exempt ? — ces perturbations, ces déchirements dont

---

[1] *De la Démocratie en France.*
[2] *Idem.*
[3] Chateaubriand faisait cette remarque en 1831.

on voudrait rattacher la perspective à une solution de
la question gouvernementale, ils sont au contraire le
résultat naturel et logique de la situation que la Révolution nous a faite, et dont le retour à la Monarchie est le
remède. M. Guizot l'a dit justement : « Nous n'aurons que
des mécomptes et des ruines, tant que la France souffrira
que, dans ses idées, dans ses institutions, dans le gouvernement de ses affaires, ce qui est vrai et ce qui est
faux, ce qui est honnête et ce qui est pervers, ce qui est
possible et ce qui est chimérique, ce qui est salutaire et
ce qui est funeste, demeurent mêlés et confondus [1]. »

XII. Obstacles au retour de la Monarchie (SUITE). — L'Orléanisme.

Un autre obstacle au retour de la monarchie, c'est la
division des partis monarchiques. Il s'est heureusement
aplani en présence des malheurs et des dangers de la
situation présente. L'Orléanisme, ce protestantisme intro-
duit au sein de la Monarchie, n'existe plus. Depuis
longtemps il n'avait plus de raison d'être, et tous les
conservateurs hâtaient de leurs vœux une réconciliation
qui était pour la France le gage d'un meilleur avenir. Les
partis monarchiques ne pouvaient plus rester divisés ;
il y avait dans leur union une nécessité d'intérêt social.
« Vous faites de la bonne politique, de la politique sensée
« et honnête, » disait M. Royer-Collard à M. Guizot tandis
qu'il était président du conseil, « vous vous faites beau-
« coup d'honneur, mais vous ne réussirez pas : vous avez
« contre vous les légitimistes et les révolutionnaires, le
« feu d'en haut et le feu d'en bas ; c'est trop à la fois [2]. »
Le parti royaliste tient en effet, comme l'observait
M. Guizot en 1849, une trop grande place dans l'histoire

[1] *De la Démocratie en France.*
[2] M. Guizot, *Nos mécomptes et nos espérances.*

et sur le sol de la patrie pour que la société puisse se passer de son concours ; il est, ainsi que l'a dit M. Renan, l'assise indispensable de toute fondation politique parmi nous. L'accord s'est accompli au sein de cette assemblée la plus libre qui soit sortie du suffrage universel, selon la remarque de M. Thiers ; il n'y a plus maintenant qu'un grand parti conservateur, uni sur le terrain de la monarchie héréditaire et des libertés publiques.

Réalisée dans l'assemblée, l'union monarchique s'est faite aussi au sein de la famille royale. M. le comte de Paris a reconnu les droits du chef de la maison de Bourbon, et ses oncles se sont loyalement associés à cette reconnaissance du principe héréditaire. On peut dire qu'il n'y a plus qu'une seule maison royale, dont le chef est Henri V, avec le comte de Paris pour héritier, et tous ces princes si intelligents, si dévoués, si généreux pour auxiliaires.

L'obstacle qui arrêtait bien des esprits est donc levé : l'Orléanisme n'est plus un drapeau ; il ne peut plus être question en France d'une quasi-monarchie.

XIII. Conclusion.

Une dernière question se pose : Quand doit-on rétablir la Monarchie ?

Nous n'hésitons pas à répondre : Dès que la paix sera faite. Dès que la pacification sera consommée au dehors par la conclusion du traité définitif ; dès que la pacification sera accomplie au dedans par la défaite de l'insurrection. Attendre davantage, ce serait exposer le pays à de nouvelles aventures, à de nouvelles catastrophes ; ce serait mal répondre à l'attente de la France, qui a soif d'autorité, qui a soif d'ordre, et dont les intérêts les plus sacrés, les besoins les plus pressants ne peuvent trouver satisfaction que dans l'établissement d'un gouvernement

stable. Si nous tardions davantage, sans assurer le présent, nous compromettrions l'avenir. La résolution d'où
dépend le salut sera-t-elle plus facile à prendre dans un
an, dans deux ans qu'aujourd'hui ? Nous croyons que,
plus on attendra, plus on trouvera de difficultés, et que
nous finirions par posséder cet incomparable privilége
dont parlait M. Guizot en 1849, et que l'Europe commence
à nous attribuer, le privilége de toutes les impossibilités.
« Douter avant de se décider, se décider après avoir
douté, écrivait M. de Bonald, doit être la devise de tout
homme éclairé. J'ose dire que cette neutralité entre les
opinions fortes ou faibles n'est pas plus dans le génie
français que le genre neutre dans la langue française. »

Sachons donc vouloir, sachons agir ! Et surtout ne
laissons point échapper le moment. Je terminerai par
cette observation capitale, et je livre à la méditation de
tous les esprits vraiment patriotes ces graves paroles que
prononçait naguère un de nos ministres, M. de Larcy :
« Il est pour les hommes comme pour les peuples des
occasions uniques où ils sont susceptibles des plus grandes choses. Ces occasions une fois perdues ne se retrou-
vent plus. »

LIVRES D'ACTUALITÉ ET DE PROPAGANDE

AUX MÊMES LIBRAIRIES :

Henri V et la Monarchie traditionnelle, brochure in-18 de 120 pages. — Prix **30** cent., par poste **40** cent., les 13/12 **3** fr., et par poste **4** fr.

Henri V jugé par lui-même, brochure populaire de 36 pages. — Prix **10** cent., par poste **15** cent., la douzaine **1** fr., par poste **1** fr. **50**, le cent **7** fr. **50**, par poste **10** fr.

Lettre de Henri V à un Membre de l'Assemblée nationale (8 mai 1871), le cent **1** fr., par poste **1** fr. **50**, le mille **8** fr. **50**, par poste **12** fr.

La Légitimité et le Progrès, par un économiste, in-8 de 200 pages. — Prix **2** fr., par poste **2** fr. **25**.

Hier, Aujourd'hui, Demain, par M. Henri de L'ÉPINOIS, brochure in-8 raisin de 84 pages. — Prix par poste **1** fr. **50**.

Le Lendemain de la Victoire, Vision prophétique, par Louis VEUILLOT, un beau volume in-18 jésus. — Prix par poste **2** fr.

Dieu et les malheurs de la France, par le P. CAUSSETTE, in-8 de 200 pages. — Prix par poste **2** fr.

Le grand Pape et le grand Roi, *dernier mot des Prophéties.* — 1 vol. de 180 pages. — Prix **75** cent., par poste **90** cent.

Prix : 15 c.; les 13/12, 1 fr. 50; le cent, 10 fr.

Franco PAR POSTE.

Le Mans. — Typ. Ed. Monnoyer, place des Jacobins, 12.